NOTICE GÉNÉALOGIQUE

SUR LA

FAMILLE DE BADTS DE CUGNAC

1890

ÉDITÉ AUX BUREAUX DE L'ARMORIAL FRANÇAIS

47, Boulevard de la Tour Maubourg

PARIS

AVANT-PROPOS

UN PÈLERINAGE AU PAYS DE NOS AÏEUX.

Nous passons ! et déjà dans la race nouvelle,
Notre œil sous les vieux noms voit des hommes nouveaux
Mon cœur qui l'interroge est étranger pour elle,
Et nous connaissons mieux le peuple des tombeaux.

(LAMARTINE)

Un acte de piété filiale qu'il est doux d'accomplir à tout âge, mais surtout au déclin de la vie, lorsque, dépouillé des illusions de la jeunesse, le cœur aime à se reposer dans les impressions et les souvenirs du passé, c'est un pèlerinage au pays des aïeux.

Le pays des aïeux ! combien ce nom a de charmes ! quel attrait mystérieux nous y rappelle ! Non, ce n'est pas seulement cet instinct du sang, cette étrange nostalgie qui, chaque année, ramène au nid paternel l'oiseau voyageur ; c'est un sentiment plus noble : le besoin de retremper notre âme auprès des tombeaux de ceux qui ont fondé notre race dans l'honneur et la vertu. Là, comme l'a dit si bien le poète :

> *Notre âme en remontant à ses premières heures,*
> *Ramène tour à tour ces fantômes chéris,*
> *Et s'attache aux débris de ces chères demeures,*
> *S'il en reste au moins un débris !*

Oui, là-bas, bien loin souvent, (car les révolutions et les mille vicissitudes de la vie ont bientôt chassé de leur berceau les générations dispersées) s'élevait l'antique demeure de ceux dont le nom fait encore tressaillir notre cœur. Aujourd'hui, ce ne sont plus que des ruines, et quelles ruines ! Quelques pierres cachées sous l'herbe, auxquelles se heurte le pied d'un passant distrait. Etiam periere ruinæ ! Et c'est là que vécurent nos Pères ; leurs pas ont foulé ces sentiers ; leurs yeux ont contemplé ces riantes vallées, leurs voix ont réveillé les échos de ces collines ; leur sang a arrosé ces plaines . . . .

Maintenant, l'oubli s'est fait sur les événements auxquels ils furent mêlés . . . . De riches moissons couvrent ces campagnes jadis dévastées par les luttes sanglantes d'une guerre sans merci et cachent à tous les yeux les ossements des vainqueurs et des *vaincus. Quelques rares monuments, comme la pyramide du Mont Cassel, rappellent seuls les souvenirs des désastres de la Flandre. Quelques sépultures éparses çà et là redisent seules les noms oubliés de nos Pères.*

Pour retrouver leurs traces, il faut donc interroger la tombe. Voilà pourquoi nous avons voulu visiter ces contrées qui les ont vu naître et mourir.

Tout ce qui reste d'eux repose près de cette antique église. A l'ombre d'une chapelle, non loin de ce jubé, chef-d'œuvre de l'art religieux, sous les arceaux de ce cloître à demi ruiné, voici leurs tombeaux. Ils dorment sous ces dalles couvertes d'armoiries, d'inscriptions effacées par le temps.

A cette vue, tout un monde ressuscite dans notre pensée. Ombres de nos aïeux, dites-nous ce que vous avez été. Du moins, laissez-nous sauver vos noms de l'oubli; laissez-nous, suivant l'expression du naïf langage d'un vieil annaliste, « recueillir pour nos enfants les armoiries de leurs nobles progéniteurs auparavant à eux incognues et comme ensevelies sous l'ombre d'oblivion ; les leur exposer comme un jardin garni de maints nobles arbres et plantins: non pas pour y faire croistre orgueil et vanité, mais afin que tous y recueillent le fruit de vertu, se sentant aiguillonnez par l'exemple de leurs majeurs et ancestres selon l'occurrence des marques d'honneur et de preudhomie d'iceux qui leur seront ici représentées. »

C'est dans ces sentiments, et pour atteindre ce but, non d'orgueil mais de vertu, que nous aussi, nous avons voulu entreprendre un pèlerinage au pays de nos aïeux. Nous l'avons accompli sous la direction d'un guide non moins érudit qu'obligeant: M. Woets archiviste de la ville de Dixmude (Flandre Occidentale).

C'est lui qui, puisant aux sources authentiques dont il dispose, a réuni les documents nécessaires à notre petit travail. C'est encore lui qui, par de patientes investigations, a pu relever avec exactitude dans ses archives ou sur la pierre des monuments les blasons de la plupart des familles alliées à la nôtre.

La tâche que nous nous étions imposée a donc été singulièrement facilitée. Elle s'est bornée à compléter par quelques détails de peu d'importance les recherches de M. Woets et à exposer la suite de notre filiation depuis la fin du XVI° siècle jusqu'aux dernières années du XIXe.

NOTICE GÉNÉALOGIQUE

FAMILLE DE BADTS DE CUGNAC

PAYS D'ORIGINE
FLANDRE OCCIDENTALE

LIEUX DE RÉSIDENCE
COUCKELAERE — BRUGES — DIXMUDE — LILLE — AMIENS

ARMOIRIES

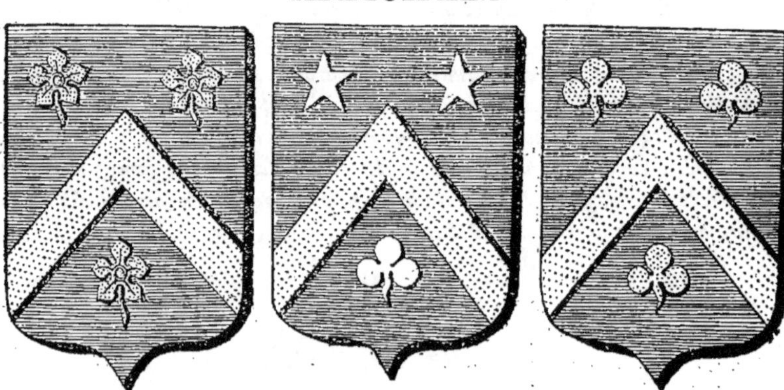

Cette famille portait : *D'azur, au chevron d'or, accompagné de trois quintefeuil-es tigées du même, 2 en chef et 1 en pointe*.

M. Le Boucq de Ternas, de Douai, savant généalogiste, dit que quelques membres de cette maison portaient anciennement : *D'azur, au chevron d'or, accom-*

pagné de deux étoiles d'argent en chef et d'un trèfle du même en pointe ; mais nous n'avons trouvé trace de cela nulle part.

La branche de la famille établie à Lille, à la fin du XVII⁰ siècle, portait : *D'azur, au chevron d'or, accompagné de trois trèfles du même, 2 en chef, et 1 en pointe.*

Lorsque, par décision du bureau du Sceau de France, MM. Albert et Arthur de Badts furent autorisés, en 1866, à relever le nom de Cugnac qui était celui de leur aïeul maternel, dernier représentant, faute d'héritier mâle, de la branche de Cugnac du Tourondel établie à Lille, ils écartelèrent leur blason des armes de

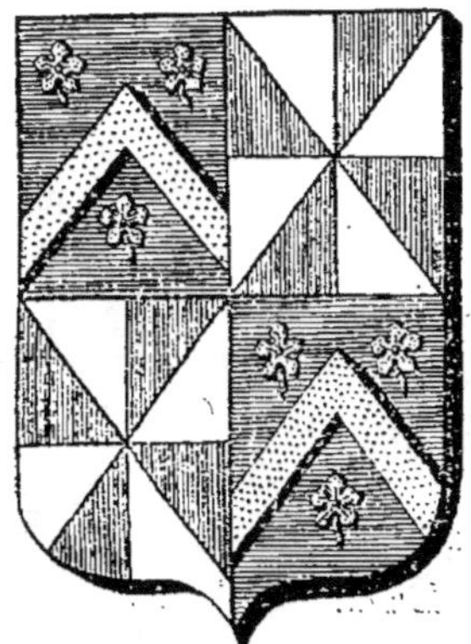

cette maison, qui sont : *Gironné d'argent et de gueules de huit pièces.*

La famille de Badts de Cugnac porte donc aujourd'hui : *Ecartelé ; aux 1 et 4, d'azur au chevron d'or accompagné de trois quintefeuilles tigées du même, 2 en chef, et 1 en pointe ; aux 2 et 3, gironné d'argent et de gueules de huit pièces.*

Cimier : *Une cigogne essorante au naturel, tenant un serpent de sinople en son bec.*

Support et tenant : *Une cigogne au naturel à dextre et un sauvage de carnation ceint et couronné de lierre, tenant sa massue, à senestre.*

Devise : *Comme il nous plaît.*

<hr>

ORIGINES

La famille de Badts est originaire de la Flandre Occidentale. De temps immémorial, on y rencontre les noms de quelques uns de ses membres. Les premiers dont il soit fait mention apparaissent sur les champs de bataille, lorsque la Flandre eût à lutter contre le gouvernement despotique de Jacques de Châtillon. Ils déployèrent dans les combats cette valeur indomptable qui crée les héros, parce que, s'inspirant de la sainteté de leur cause, ils luttèrent pour leur indépendance et la défense de leurs vieilles libertés.

Quand Philippe de Valois vint, avec ses plus redoutés capitaines, combattre en personne, trois contre un, l'armée improvisée des Flamands, *vingt-sept* de ceux dont le sang coule dans nos veines tirèrent l'épée contre l'envahisseur de leur pays. A la journée de Cassel (1328) si funeste à la Flandre, ils périrent tous jusqu'au dernier. L'histoire a conservé leurs noms. Ce sont : Coppin de Badts, d'Alvernick en la châtelenie de Furnes; Bastkin de Badts, de Wulpen ; Hannin de Badts, de Nuefpoort; Coppin van den Abéele et son fils, de Lenseles; Joses du Mont, de Lenseles ; Pieter, Hannequin et Jehan Pierloot, de Wulpen ; Pieter de Leeuwe, de Oestvleternes; Ghiselin Crop, en la Viese-Capele ; Hannequin Aerleboudt, de Wulpen ; Pieter Motte, de Bambeke ; enfin quatorze membres de la famille Moenins : Gillekin, Claes,

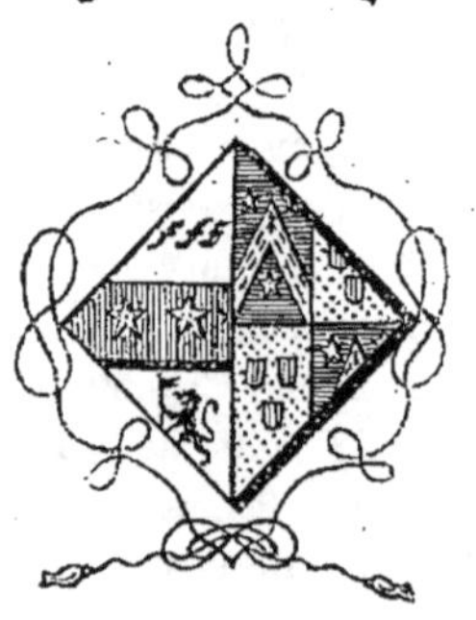

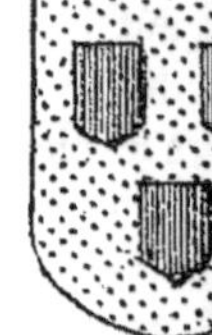

PIERRE TOMBALE DE L'ÉGLISE CATHÉDRALE SAINT-SAUVEUR DE BRUGES

Coppin, deux Hannequin, trois Jehan, Michiel, Symonin, Wautier, deux Willems, Willes.[1] Les descendants de ces soldats morts pour la liberté de leur pays continuèrent à servir la cause nationale. Jusqu'au jour où nous les trouverons établis en France, devenus Français par leur naissance et par leurs alliances, nous les verrons investis de charges diverses dans l'administration de leur pays.

Trois siècles après les luttes sanglantes du moyen-âge, de 1674 à 1692, Jean de Badts allié avec une fille de ces van den Abeele dont les ancêtres combattaient à coté des siens sur le champ de bataille de Cassel, était à la tête de l'administration de la ville de Dixmude.

FILIATION

Quoi qu'il en soit, les documents assez précis pour établir la filiation directe et authentique de cette famille n'existent qu'à partir de l'année 1550, grâce aux prescriptions du concile de Trente qui enjoignent aux curés de transcrire avec exactitude les actes de baptêmes, mariages, décès, etc. sur leurs registres paroissiaux.

On sait seulement que, dès cette époque, elle avait déjà étendu ses rameaux sur divers points des Flandres, notamment à Dixmude et à Bruges.

Descendant direct de la branche de Dixmude, nous ne nous occuperons que de celle-ci. D'ailleurs, les archives de Bruges compulsées par M. Gilliodts nous donnent peu de renseignements sur ceux de nos ancêtres qui ont habité cette ville. Elles mentionnent simplement :

JEANNE DE BADTS, fille de Pierre... en 1586.

MARIE DE BADTS, en 1592.

PIERRE DE BADTS, inhumé en l'église des Carmélites en 1625.

PAUL DE BADTS, qui épousa Arnoldine VAN BOGAERT, paraît être le dernier descendant mâle de cette branche, aujourd'hui éteinte.

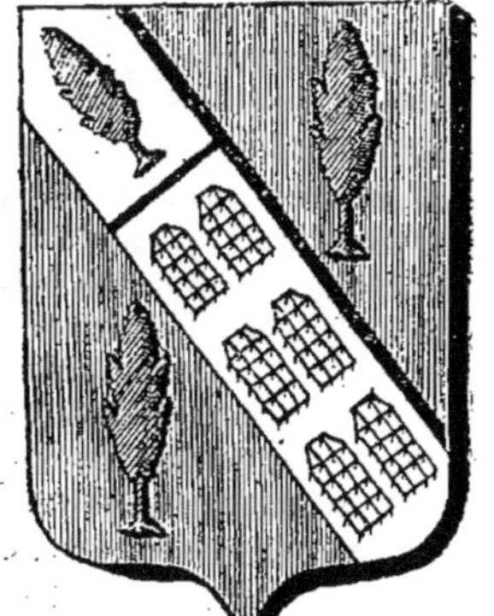

Arnoldine van Bogaert, d'après l'écusson relevé sur les pierres tombales de ses deux petits-fils, Charles et Philippe Rapaert, Sgrs de Bloemendaele, dans l'église cathédrale de Saint-Sauveur, à Bruges, portait : *De gueules, à la bande d'argent, chargée en chef d'un arbre de pourpre et en pointe de six herses (?) de sable, posées 2, 2 et 2, dans le sens de la bande, et accompagnée de deux arbres de pourpre, l'un en chef, l'autre en pointe.*

(1) Voir Livre des inventores des héritages des Flamants qui furent tuÿes en la bataille de Casséel qui fu au moys d'aoust, l'an MCCCXXVIII, etc. N° 178 (28) manuscrit de la bibliothèque nationale, supplément français. In folio de 72 feuillets in-4° sur vélin, écriture du XIVᵉ siècle. Le nombre des Flamands mentionnés dans ce manuscrit s'élève à 3192.

CY GIST MESSIRE CHARLES RAPAERT CHEVALIER S{º} DE BLOMMENDALE ESCHEVIN DV FRANC ET DAME CATHARINE BEVVET DAME DVDIT LIE
ONT FONDE EN CETTE CHAPELLE TOVS LES LVNDY VNE MESSE POVR LE REPOS DE LEVRS AMES ET À LA GLOIRE DV TRES SAINT NOM DE JESVS VN SA
PERPETVEL AVEC LE VENERABLE ET LITANIES DV MESME NOM LE MISERERE EN MVSIQVE ENSVITTE DES LETTRES DE FONDATION DE SIX LIVRES ET D
LIVRES DIX SOLS DE GROS PAR AN REPOSANT AV POVVOIR DE MESSIEVRS LES ADMINISTRATEVRS DE CETTE EGLISE
REQVIES CANT IN PACE

J. Sempé Del.

PIERRE TOMBALE DE L'ÉGLISE CATHÉDRALE SAINT-SAUVEUR DE BRUGES

MARGUERITE DE BADTS, fille de Paul de Badts et d'Arnoldine Van Bogaert, s'unit le 25 octobre 1606 à Pierre RAPAERT SGR DE BLOEMENDAELE, fils de N... Rapaert et de N... Jonckheere. La famille Rapaert, originaire des Flandres, obtint la noblesse héréditaire avec concession d'armes, en faveur de Charles Rapaert Sgr de Bloemendaele, par lettres patentes datées de Madrid le 31 août 1673 (1). Cette maison à laquelle appartenaient les Sgrs de Grass, blasonnait, ainsi qu'on le voit en plusieurs endroits de la cathédrale de Saint-Sauveur à Bruges : *D'argent, à la fasce de gueules chargée de deux étoiles d'or, accompagnée en chef de trois doubles crampons de sable, posés en barre, rangés en fasce, et en pointe d'un lion de sable, armé et lampassé de gueules, tenant un guidon de sable flottant à senestre.*

Deux fils de Marguerite de Badts nous sont connus par leurs pierres tombales de l'église cathédrale de Saint-Sauveur de Bruges, dont nous donnons le fac-simile : 1° Charles Rapaert, chevalier, Sgr de Bloemendaele, échevin du Franc, qui épousa dame Catherine Beuvet, dame du dit lieu ; 2° Philippe Rapaert, qui épousa dame Marie Baert.

PIERRE TOMBALE DE L'ÉGLISE CATHÉDRALE SAINT-SAUVEUR DE BRUGES

(1) V. *La Flandre illustrée par l'institution de la Chambre du roi, à Lille, l'an 1385, par Philippe le Hardi, duc de Bourgogne,* etc., par M. Jean de Seur, écuyer, à Lille 1703.

J. SEMPÉ Del.

PIERRE TOMBALE DE L'ÉGLISE CATHÉDRALE SAINT-SAUVEUR DE BRUGES

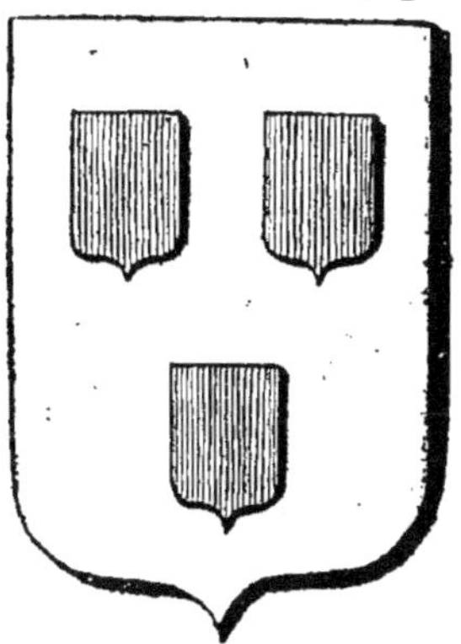

N... DE BADTS, épousait au commencement du XVIIe siècle noble homme N... de Schildere, appartenant à une famille originaire d'Ypres et de Gand, qui porte : *D'or, à trois écussons de gueules*. Une fille naquit de cette union qui entra dans la famille de Rommel dont les armes : *Fascé, contre-fascé d'or et d'azur de huit pièces*, figurent ainsi que celles des maisons de Badts et de Schildere sur la troisième pierre tombale que nous reproduisons, qui est celle d'Albert van Huerne, Sgr chevalier de Schiervelde, ancien bourgmestre du Franc, décédé le 10 décembre 1800, à l'age de 76 ans. Parmi les seize quartiers du défunt dont les blasons ornent la tombe, on trouve deux fois celui de Badts. Il avait en effet pour trisaïeule paternelle N.. de Badts dont il est question, et pour trisaïeule maternelle Marguerite de Badts qui épousa Pierre Rapaert.

La branche de Dixmude nous offre une descendance nombreuse. Aux époques de foi et de simplicité, les races fécondes n'étaient pas aussi rares que de nos jours. Fidèles aux fortes et religieuses traditions qui sont encore aujourd'hui profondément enracinées dans les Flandres, nos ancêtres se glorifiaient du nombre de leurs enfants. Ils voyaient avec joie leurs fils se vouer au service des autels et leur filles se consacrer à Dieu et au ministère de la charité dans les monastères. Ils enrichissaient de leurs aumônes les églises et les hôpitaux. Ces humbles catholiques n'en étaient pas moins de fiers soldats et, quand il s'agissait de protéger le sol natal contre l'étranger ou de défendre les vieilles libertés de leurs cités, ils se rendirent redoutables sur tous les champs de bataille où se déploya la bannière de Flandre.

Mais ce n'est pas ici le lieu de disserter sur les coutumes du bon vieux temps. Revenons à Dixmude. Nous pouvons faire remonter notre filiation suivie à :

I. — JACQUES DE BADTS, de Couckelaere, né vers l'an 1550, qui épousa en 1584, Marie MOENINS héritière d'une très ancienne famille, originaire de Gand, aujourd'hui éteinte, dont M. Woets a relevé les armes sur une dalle funéraire : *D'azur, au chevron d'or accompagné de trois poires du même, au croissant d'argent brochant sur la pointe du chevron*. Cimier : *Un sauvage issant de carnation couronné de lierre, tenant une massue.*

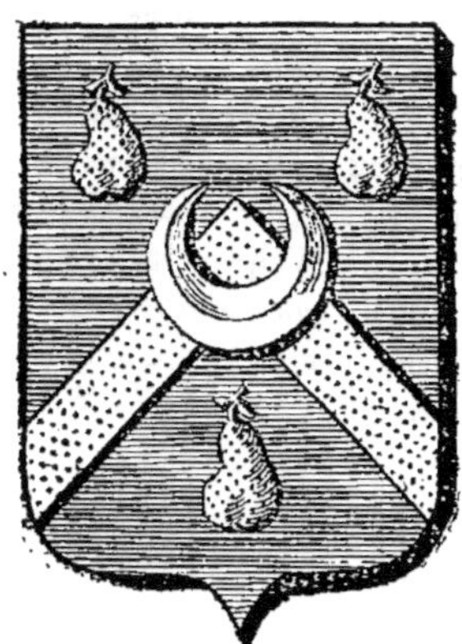

Quartorze membres de cette famille furent tués à la bataille de Cassel en 1328.

Du mariage de Jacques de Badts, de Couckelaere et de Marie Moenins naquirent sept enfants :

II. — GEORGES DE BADTS, né en 1585, qui suit.

II. — JACQUES DE BADTS, marié à Adrienne DATEN. Nous n'avons

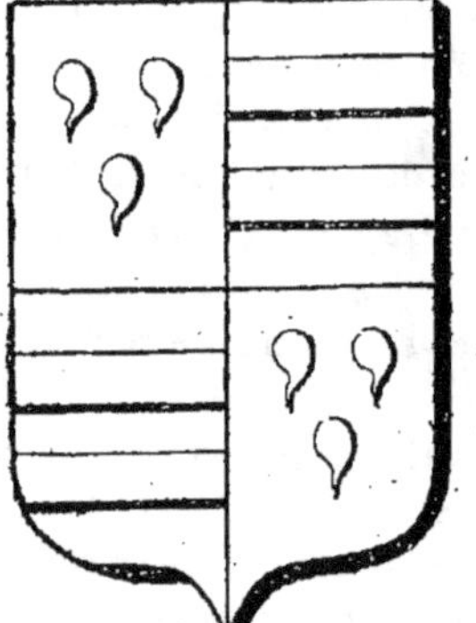

pu retrouver les armes exactes de la famille Daten, que nous indiquons telles qu'elles ont été relevées par M. Woets, sur une pierre tombale dont l'usure ne permettait plus de distinguer les émaux. De ce mariage naquirent :

III. — JACQUES DE BADTS, en 1612.

III. — JACQUES DE BADTS, en 1617.

III. — MADELEINE DE BADTS, en 1618.

III. — JACQUELINE DE BADTS, en 1620.

III. — CATHERINE DE BADTS, en 1621.

II. — JOSSE DE BADTS, épousa en 1625 Catherine VAN DE WOUDE.

La famille van de Woude, originaire de Hollande, porte : *Parti ; au 1, de gueules au lion d'argent ; au 2, coupé, a. de sable à la roue d'or, b. d'or à trois anguilles de sable posées en fasces l'une sur l'autre.*

Nous ignorons si Jean de Badts et Catherine van de Woude eurent des enfants de leur union.

II. — PIERRE DE BADTS, qui épousa Suzanne AERLE-BOUDT.

La famille Aerleboudt, ancienne en Flandre, portait pour armes : *D'hermine, à trois losanges de gueules rangées en fasce ;* et pour cimier : *Une canette d'argent becquée de gueules.* On voit qu'un de ses membres, Hannequin Aerleboudt, de Wulpen, châtelenie de Furnes, périt en 1328 à la bataille de Cassel.

De ce mariage naquit une fille unique :

III. — ADRIENNE DE BADTS, née le 7 novembre 1621.

II. — Baudouin de BADTS.

II. — Pierre de BADTS, marié à Laurence de BOMÈRE, dont six enfants : Catherine née en 1623, Marie née en 1625, Wilhelmine née en 1626, Laurence née en 1628, Jacques né en 1630, Charles né en 1632.

II. — Jean de BADTS, né en 1587, marié en 1620 à Périne DE LEEUWE

La maison de Leeuwe en Flandre, dont l'un des membres, Pieter de Leeuwe, fut tué en 1328 à la bataille de Cassel. portait : *D'or au lion de sable* (1). Jean de Badts mourut en 1636, laissant cinq enfants :

III. — Jacques de BADTS, né en 1621 ;

III. — Jean de BADTS, né en 1623 ;

III. — Pierre de BADTS, né en 1625 ;

III. — Pétronille de BADTS, née en 1628 ;

III. — Jacques de BADTS, né en 1630 (2.)

II. — Georges de BADTS, fils de Jacques de Badts, de Couckelaere, et de Marie Moenins, né à Dixmude en 1585, épousa dans cette ville le 25 Juillet 1612 Marie CROP, descendante d'une vieille famille d'origine rhénane établie depuis plusieurs siècles aux Pays-Bas, puisque nons voyons qu'un de ses membres, Ghiselin Crop, en la Viese-Capele, figure parmi es morts de la bataille de Cassel en 1328.

Cette maison blasonnait · *D'azur, à la colombe d'argent, la poitrine enflée.*

Georges de Badts mourut en 1621 ayant eu de son mariage quatre enfants :

III. — Jean de BADTS, né en 1613, qui suit.

III. — Georges de BADTS, né en 1615, fut prêtre.

III. — Marie de BADTS, née en 1618, qui épousa Adrien DE RUYSSCHERE.

III. — Adrienne de BADTS, née en 1621.

---

(1) Blason relevé par M. Woets.

(2) V. Actum du 7 novembre 1637 fo 441, No 186, et actum du 21 février 1641 fo 190 No 277, archives de Dixmude.

III. — JEAN DE BADTS, né en 1613, épousa en premières noces Jacquemine VAN DEN ABEELE, (1) « héritière, dit un généalogiste, d'une famille noble et bien alliée en Flandres, et principalement avec ceux de Berlaymont, ceux de Mullem, ceux de Borluut et autres ; laquelle famille a produit des chevaliers, comme Messire Jean van den Abeele chevalier, et Messire Henry van den Abeele son frère, aussi chevalier, en l'an 1364. Item, on trouve Tiburce van den Abeele allié à Isabelle d'Auxelles dame de Morslède, en l'an 1354. » (2)

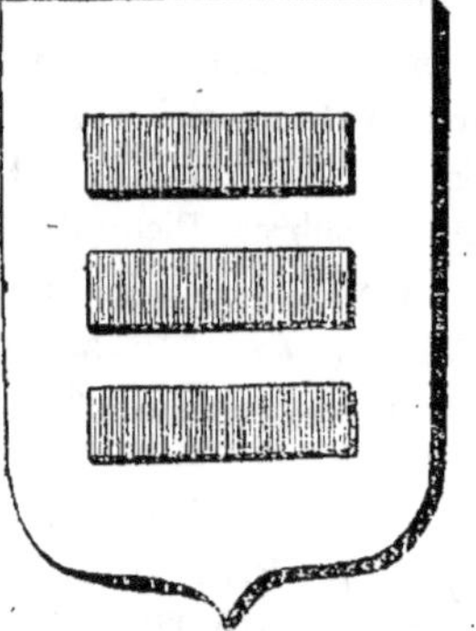

Coppin van den Abeele et son fils, de Lenseles, furent tués a la bataille de Cassel, 1328.

Le blason de cette famille est : *D'argent, à une hamaïde de gueules.*

Jean de Badts ayant perdu Jacquemine van den Abeele, son épouse, en 1642, épousa en secondes noces, le 29 mars 1643, Marie BAILLET, fille de Pierre Baillet et de Marie des Pretz. (3)

La famille Baillet, originaire du Brabant, obtint des lettres de noblesse le 1er décembre 1674 en faveur de Maximilien Baillet. Ses armes sont : *D'argent, à trois fleurs de souci d'azur, tigées et feuillées de sinople.* (4)

La famille des Pretz, originaire d'Arras obtint également des lettres de noblesse, le 27 janvier 1601, en faveur de F. et de C. des Pretz, sieurs de Granville.

Elle blasonnait : *De sable, à trois fasces d'argent ; sur le tout, de sable à trois lions d'argent lampassés et couronnés d'or.* (5)

Jean de Badts mourut en 1666.

On remarque en l'église paroissiale de la ville de Dixmude un tableau qui le représente offrant l'hospitalité à des pélerins. Ses armes se voient à l'angle gauche de ce panneau.

(1) (2) (3) (4) (5) Voir les notes à la page suivante.

Jean de Badts eut des enfants de ses deux mariages.
Du premier lit.

IV. — JEAN DE BADTS, né en 1639, qui suit.

IV. — IGNACE DE BADTS, né en 1642, qui épousa Catherine MARS.

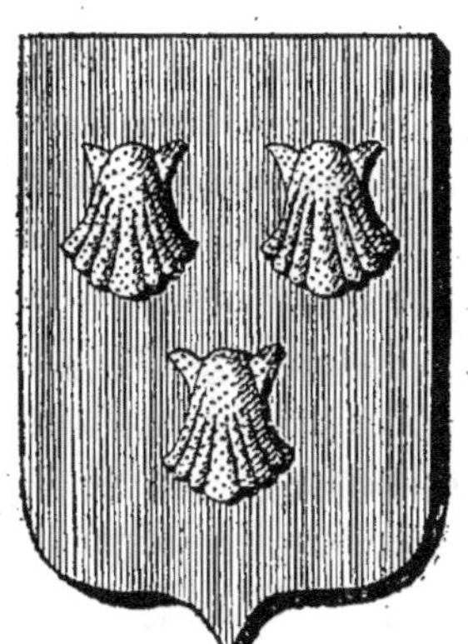

La famille Mars, originaire de Hollande, porte pour armes: *De gueules à trois coquilles d'or.*

Il eut de son mariage deux fils qui ne paraissent pas avoir laissé de postérité.

V. — IGNACE-JEAN DE BADTS, né en 1667, prêtre.

V. — JACQUES DE BADTS, né en 1670, qui eut pour marraine Elisabeth de Bisschop.

<hr>

(1) IV. actum du 24 Mars 1639 f. 56, recto, arch. de Dixmude.
(2) *Recherche des antiquités et noblesse de Flandres* par Philippe de Lespinoy, escuyer, vicomte de Thérouanne. A Douai, de l'imprimerie de la veuve Marc Wyon, à l'enseigne du Phénix. 1632. P. 520.
(3) V. actum 27 Mars 1659 f. 101 n. 410, archives de Dixmude.
(4) V. *La Flandre illustrée*, p. 253, et p. les armes, *Tessaræ gentilitiæ* a Silvestro Pietra sancta, romano, societatis Jesu, ex legibus fecialium descriptæ, Romæ, Typis hered. Francisci Corbelletti, 1638, p. 511.
(5) V. *La Flandre illustrée*, p. 235

Du second lit :

IV. — ANNE-MARIE DE BADTS, qui épousa à Ypres en 1644, N...
DE LA HAYE.

La famille de la Haye, originaire d'Artois, à laquelle se rattachent les Sgrs de Tanacre, obtint des lettres de noblesse dès l'année 1475.

Elle blasonnait : *D'argent, au chevron de sable accompagné de trois merlettes du même.* Cimier : *Une tête et col de cygne d'argent* (1).

IV. — JOSSE DE BADTS, né en 1645.

IV. — PIERRE DE BADTS, né en 1646, qui suit.

IV. — PÉTRONILLE DE BADTS, née en 1647, morte religieuse pénitente au service des pauvres.

IV. — ANDRÉ DE BADTS, né en 1648.

IV. — JEAN DE BADTS, fils de Jean de Badts et de Jacqueline van den Abeele, né à Dixmude en 1639, épousa en premières noces à Ypres, Marie-Madeleine DU MONT (2).

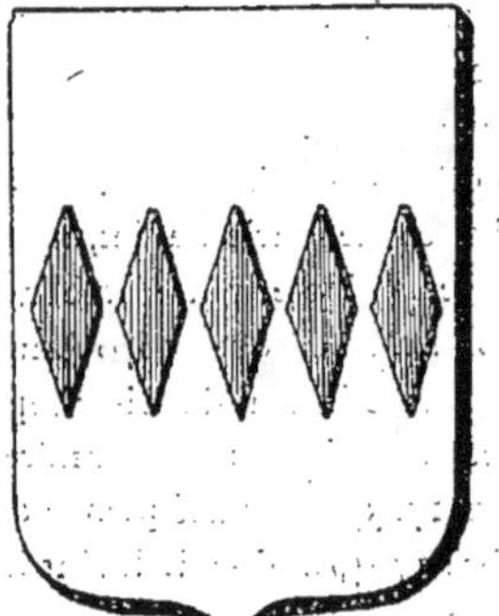

Elle était fille de Claude du Mont, qui obtint des lettres de noblesse le 11 novembre 1652 (3).

Les armes de cette famille, originaire d'Anvers, ont été relevées sur la tombe de Gilles du Mont, alias de Bréal Mont ou de Brialmont, qui mourut à Ypres le 17 novembre 1637 .*D'argent, à cinq fusées de gueules rangées en fasce.*

Un membre de cette maison, Joses du Mont, de Lenseles, fut tué à la bataille de Cassel en 1328 (4).

Un autre membre obtint des lettres de confirmation de sa noblesse le 1er avril 1687.

Marie-Madeleine du Mont étant morte en 1671, Jean de Badts épousa en secondes noces, à Dixmude, en 1674, Laurence PIERLOOT, héritière d'une famille aujourd'hui éteinte « qui était, dit M. Woets, de très haute qualité

(1) V. *La Flandre illustrée*, p. 214.
(2) V. Actum 4 Novembre 1674 f. 308 recto, archives de Dixmude.
(3) V. *La Flandre illustrée* p. 265.
(4) V. *Héritages des Flamens*, etc.

en Flandre. » Théodore Pierloot obtint la noblesse héréditaire à Dixmude, le 18 avril 1701. (1) Cette famille portait : *De sinople, à la fasce d'argent accompagnée de trois coquilles de même, 2 en chef et 1 en pointe ;* l'écu surmonté d'un heaume d'argent taré de profil, grillé et liseré d'or ; bourrelet et lambrequins aux émaux de l'écu ; cimier: *Un cygne flottant et aux ailes éployées d'argent.* Pieter, Hannequin et Jehan Pierloot furent tués à la bataille de Cassel en 1328. Laurence Pierloot mourut en 1709.

Jean de Badts était à la tête du corps échevinal de Dixmude pendant les années 1674, de 1684 à 1686, en 1691 et 1692 (2). Il mourut en 1693, (3) ayant eu des enfants de ses deux mariages.

Du premier lit :

  V. — PIERRE-IGNACE DE BADTS, né en 1663.

  V. — PIERRE-NORBERT DE BADTS, né en 1665.

  V. — BERNARD-FRANÇOIS DE BADTS, né en 1666, qui fut prêtre.

  V. — HENRI-ALEXANDRE DE BADTS, né en 1667.

  V. — MARIE-THÉRÈSE DE BADTS, née en 1669.

Du second lit :

  V. — JEAN-IGNACE DE BADTS, né en 1675.

  V. — ANNE-LAURENCE DE BADTS, née en 1677.

  V. — MARIE-JACQUELINE DE BADTS née en 1678.

  V. — JEANNE-FRANÇOISE DE BADTS, née en 1681.

Les fils de Jean de Badts, ne laissèrent pas de postérité masculine connue.

IV. — PIERRE DE BADTS, fils de Jean de Badts et de Marie Baillet, né à Dixmude en 1646, quitta cette ville et vint s'établir à

Lille en Flandre, où il épousa en octobre 1670 Anne DE BISSCHOP, fille de Pierre-Bavon de Bisschop, Sgr de Drumez, conseiller au Parlement de Flandre, où il fut installé le 21 mars 1705, en conséquence de l'édit du mois de septembre 1704, et dont il devint le doyen, après M. de Burges, le 7 mai 1743.

Le famille de Bisschop, établie dans la Flandre française, porte : *Ecartelé ; aux 1 et 4, de gueules, à la bande d'argent chargée de deux crosses abbatiales de sable ; aux 2 et 3, d'argent, à la croix ancrée de sable.*

(1) V. *La Flandre Illustrée* p. 269
(2) V. Geschiedens van Dixmude door Robert Pieters, 1885.
(3) V. Actum 5 Octobre 1695 fol. 350 verso, arch. de Dixmude.

De ce mariage naquirent :

V. — JEAN-BAPTISTE DE BADTS, qui fut prêtre.

V. — ANNE-MARIE DE BADTS, Ursuline à Tournay.

V. — IGNACE DE BADTS.

V. — PIERRE DE BADTS, né le 17 avril 1678, qui suit.

V. — PAUL DE BADTS.

V. — THÉRÈSE ou ANNE DE BADTS.

V. — PIERRE DE BADTS fils de Pierre de Badts et de Anne de Bisscop, épousa en premières noces, le 21 août 1700, Marie-Jeanne D'HAS, fille de Nicolas d'Has et de Claire Le Roy.

La famille d'Has blasonne : *Bandé d'or et d'azur de six pièces ; au chef d'azur chargé de trois têtes de coq arrachées d'or.*

Pierre de Badts n'eut de ce mariage qu'une fille, morte en 1708.

Il épousa en secondes noces, le 29 Juin 1709, Jeanne-Françoise POLLET DE NAVIGERS, fille de Jean Pollet, Sgr de Navigers, né 1652, et de Jeanne Coolen, et petite-nièce de Jacques Pollet Sgr de Navigers, conseiller au baillage de Tournay, membre du conseil provincial d'Artois et enfin conseiller au Parlement de Flandre le 31 octobre 1689. Ce Jacques Pollet était lui-même fils de Jean Pollet et de Marguerite du Bosquiel.

La famille Pollet, originaire d'Artois, anoblie par lettres patentes des archiducs Albert et Isabelle, octroyée le 2 septembre 1600 à Jean Pollet de Navigers, (1) portait : *De sable, au pal d'argent, semé sur le tout de furets de l'un en l'autre.*

La famille Coolen, originaire de Hollande, blasonnait : *D'or, à trois chevrons de gueules.*

La famille du Bosquiel, originaire de Lille et anoblie par charte du 13 juillet 1564, portait : *D'azur, au canton d'argent, chargé d'un écureuil au naturel.*

(1) V. *La Flandre illustrée*, p. 234.

Pierre de Badts mourut à Lille le 14 novembre 1757, laissant de son second mariage.

> VI. — PIERRE-JOSEPH DE BADTS né le 11 février 1720. Il fut prêtre.

> VI. — MARIE-ANNE-JOSEPH DE BADTS, née le 27 octobre 1716, morte sans alliance.

> VI. — PIERRE-FRANÇOIS-EUPHROSINE DE BADTS né le 15 août 1713, qui suit .

> VI. — CATHERINE DE BADTS, morte sans alliance.

> VI. — MARIE-FRANÇOISE-JOSEPH DE BADTS, morte sans alliance

> VI. — PIERRE DE BADTS.

VI. — PIERRE-FRANÇOIS-EUPHROSINE DE BADTS, SGR DE DRUMEZ, fils de Pierre de Badts et de Jeanne-Françoise Pollet de Navigers, naquit le 12 août 1713.

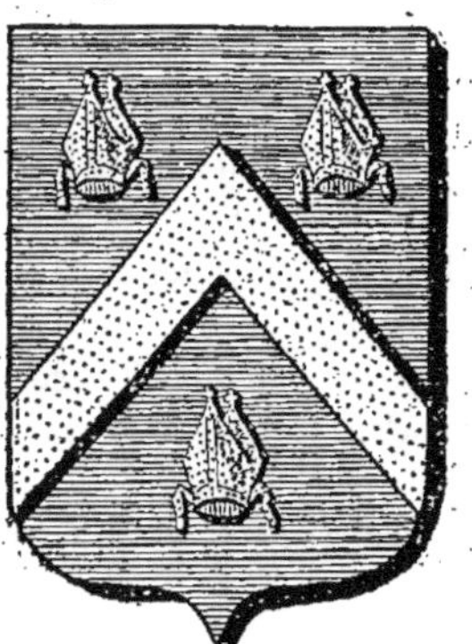

Il fut officier de la Chancellerie du Parlement de Flandre, et épousa le 1er juillet 1759 Marie-Thérèse-Désirée DE L'ISLE. Elle était fille de Charles-Adrien-Philippe de L'Isle, écuyer, conseiller du Roi à la gouvernance et souverain bailliage de Lille, trésorier de France, et de dame Adrienne-Françoise van Hanacher.

La famille de L'Isle porte : *D'argent, à trois arbres de sinople fûtés de sable, posés sur une terrasse isolée du même.*

Il tenait la seigneurie de Drumez par acte de donation entre vifs daté du 28 septembre 1751, fait en sa faveur par Pierre de Bisschop, enregistré en la Cour du Parlement de Flandre le 28 janvier 1761 et reposant au greffe de la dite Cour. Le plan original sur parchemin de la seigneurie de Drumez annexé à l'acte de donation, est surmonté des deux bla-

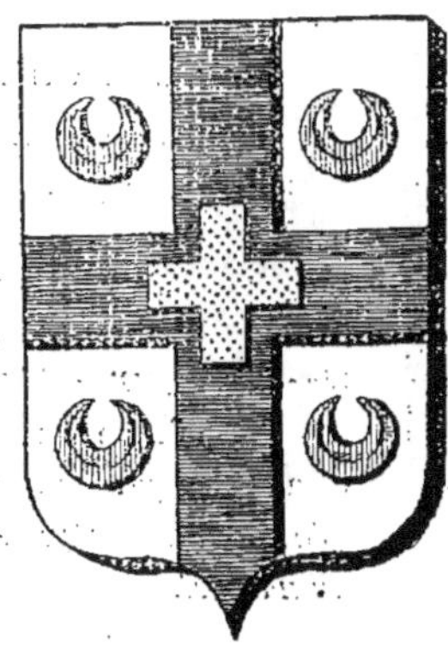

BISSCHOP   DRUMEN

sons que nous reproduisons ci-contre.

De son mariage il eut :

VII. — MARIE-FRANÇOISE-EUPHROSINE DE BADTS, née le 15 novem-

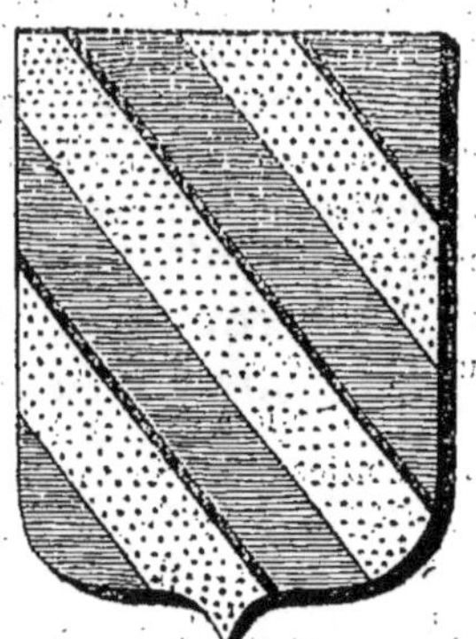

bre 1760, qui épousa le 14 février 1791 le vicomte Urbain DE LUPPÉ, officier géné-ral, chevalier de Saint-Louis. A ce mariage célébré en l'église de la Madeleine à Lille, on vit figurer comme témoins : Sébastien de Cugnac, ancien capitaine dans Royal-Vaisseau, chevalier de Saint-Louis ; Pierre de Cugnac, ancien capitaine dans Royal-Vaisseau, lieutenant des maréchaux de France à Lille et chevalier de Saint-Louis ; François de Gillaboz, conseiller au Parle-ment de Flandre, et Pierre Courtalon, se-crétaire du Roi au Parlement de Flandre, beaux-oncles de la mariée.

La maison de Luppé, qui appartient à la noblesse de Guyenne, bla-sonne : *D'azur à trois bandes d'or*, et a pour devise : *E lupis Vasconiæ*.

Le vicomte de Luppé mourut au château d'Artassens (Landes), ayant eu de son mariage : 1° Adèle de Luppé, chanoinesse du chapitre noble de Wetmarchen en Westphalie ; 2° Alphonse de Luppé, officier dans la garde royale, marié à Amanda de Borda, mort sans postérité.

VII. — PIERRE-ALBERT-JOSEPH DE BADTS, né en 1762, qui suit.

VII. — PIERRE-FRANÇOIS-DÉSIRÉ DE BADTS, né le 16 février 1764, mort sans postérité.

VII. — PIERRE-ALBERT-JOSEPH DE BADTS, SGR DE DRUMEZ, né le 1er févrie

1762, dut émigrer à Bruxelles pendant la Révo-lution. Revenu d'émigration en fructidor an IX, en vertu d'un acte d'amnistie à lui acordé à la date du 17 mai 1802 (floréal an X) il épousa au mois de juin 1809 Marie-Bernardine MOTTE, descendante d'une ancienne famille Flamande, dont un membre, Pieter Motte, de Bambeke, fut tué à la bataille de Cassel en 1328. Les armes de cette famille sont : *D'argent, aux deux fasces de sable, à la bordure du même (1).*

Il mourut à Lille le 31 mai 1833, ayant eu de son mariage :

____

(1) V. Den Boomgaert der Wapenen... Gheprint tot Gent by Gheraert Salenson 1567.

VIII. — JULES-ALBERT DE BADTS, né en 1809, mort en 1830.

VIII. — ERNEST-MARIE-JOSEPH DE BADTS, né en 1812, mort en 1829.

VIII. — ALFRED-URBAIN-MARIE DE BADTS, né en 1813, qui suit.

VIII. — ALFRED-URBAIN-MARIE DE BADTS, né en 1813, épousa en 1839, à

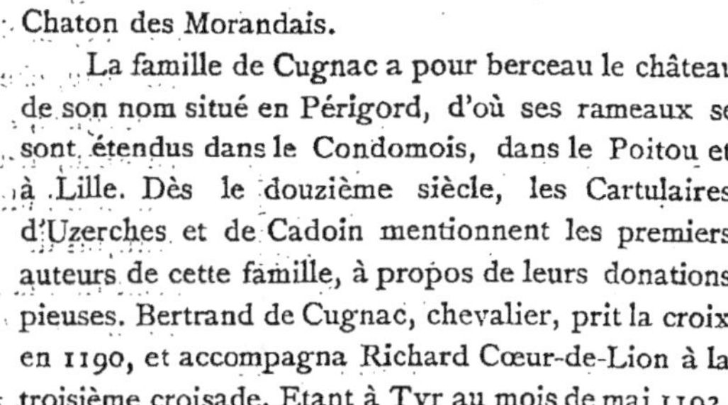

Lille, Clémence-Marie DE CUGNAC DU TOURON-
DEL, fille du vicomte Henri de Cugnac du Touron-
del et de dame Alexandrine-Françoise-Anne de
Chaton des Morandais.

La famille de Cugnac a pour berceau le château
de son nom situé en Périgord, d'où ses rameaux se
sont étendus dans le Condomois, dans le Poitou et
à Lille. Dès le douzième siècle, les Cartulaires
d'Uzerches et de Cadoin mentionnent les premiers
auteurs de cette famille, à propos de leurs donations
pieuses. Bertrand de Cugnac, chevalier, prit la croix
en 1190, et accompagna Richard Cœur-de-Lion à la
troisième croisade. Etant à Tyr au mois de mai 1192,
il signa comme témoin une obligation de cent livres tournois souscrite par Bertrand
de Foucaud et Bertrand de Mellet, au profit de marchands génois, pour un emprunt
contracté sous la garantie de Nompar de Caumont. Dans une autre charte, il
garantit lui-même un emprunt de cent livres fait par les seigneurs d'Abzac et de
Chaunac. En vertu de ces deux titres authentiques, le nom et les armes de Bertrand
de Cugnac ont été placés à la galerie des croisades du musée de Versailles. (1)

Antoine de Cugnac, baron de Dampierre, à la mort de Henri III, porta la
parole au nom de la noblesse pour exhorter Henri IV à abjurer, lui déclarant qu'à
cette seule condition les grands du royaume lui jureraient obéissance.

Dans les guerres du règne de Louis XIV, cinq des membres de cette famille se
sont distingués par leurs éclatants services ; Gaspard de Cugnac, marquis du Bourdet, maréchal de camp ; Jean-Louis de Cugnac, dit le chevalier du Bourdet, nommé
brigadier des armées du roi et chevalier de Saint-Louis, en récompense de sa
brillante conduite à la seconde bataille d'Hochstedt (1705) ; les deux frères de Cugnac
de Pauliac, dont le cadet commandait le régiment de Picardie à la bataille de
Rocroy, où il fut blessé, en combattant auprès du grand Condé. Marc de Cugnac,
seigneur de Pauliac, commandait les gardes françaises dans la guerre de la Fronde.
Au combat du faubourg Saint-Antoine, le prince de Condé ayant vu tomber autour

---

(1) Voici la traduction d'une des deux chartes dont il est fait mention plus haut. Ce document est
revêtu du sceau de B. de Cugnac :

*A tous ceux qui ces présentes lettres verront, moi, B. de Cugnac, chevalier, je fais savoir qu'en-
vers Tornabel Spinelli et ses associés, citoyens de Gênes, je me suis constitué garant de la somme
de cent livres tournois pour très chers seigneurs Jourdain d'Abzac et Jean de Chaunac, en sorte que
si les dits seigneurs manquaient au payement de la dite somme aux termes fixés par eux, je serais
tenu de la payer en leur lieu et place ; à cet effet, j'engage mes biens. En foi de quoi j'ai apposé
mon sceau sur les présentes lettres. Fait à Tyr, au mois de mai, l'an du Seigneur 1192.*

de lui ses plus braves compagnons, demanda qui était à la tête de ses adversaires. On lui répondit que c'était Pauliac. « Il faut nous retirer, dit-il, car nous avons affaire à forte partie. » C'est en ce moment que le canon de la Bastille, tiré par ordre de *Mademoiselle*, vint protéger la retraite de Condé.

La Maison de Cugnac s'est alliée à celles de Coligny, de Chabannes, de Mornay, de Lostanges, de Galard de Béarn, de Rochechouart, de Sévigné, de la Rochejaquelein, de Villeneuve-Vence, de Gontaut, etc. Armes : *Gironné d'argent et de gueules*. Devise : *Comme il nous plaît*.

Les Cugnac se sont alliés avec nombre de personnes issues de la maison de France, notamment vers 1450 par le mariage d'Antoine II de Cugnac avec Madeleine de Marnay, descendante de Charlemagne, et en 1555 par le mariage de Jean du Cugnac avec Antoinette d'Hautefort, descendante de Robert II le Pieux.

La famille de Chaton des Morandais, originaire de Bretagne, dont le chef porte le titre de marquis, blasonne : *D'argent, au pin arraché de sinople, fruité de trois pommes d'or*. Devises : *A peine un chat y peut atteindre*, ou *Dieu et mon courage*.

Le vicomte Henri de Cugnac voyant s'éteindre en sa personne la branche de sa maison dite du Tourondel, établie en Flandre depuis un siècle, désira la voir relever par ses petits-fils. En conséquence, d'accord avec les représentants des deux rameaux encore existants de la famille de Cugnac, le marquis de Cugnac de Giversac et le marquis de Cugnac du Bourdet, il demanda et obtint pour eux le droit légal de relever le nom de Cugnac. Par décision du bureau du Sceau de France en date du 16 juin 1866, enregistrée par le Tribunal civil de Lille le 14 septembre 1867, MM. Albert et Arthur de Badts qui suivent, ont été autorisés à ajouter à leur nom patronymique celui de « DE CUGNAC. » De ce chef ils ont relevé le nom et ont écartelé leur blason des armes de Cugnac.

Alfred de Badts eut de son mariage :

IX. — PIERRE-ALBERT-MARIE DE BADTS DE CUGNAC, qui suit.

IX. — ARTHUR-URBAIN-MARIE DE BADTS DE CUGNAC, né en 1842,

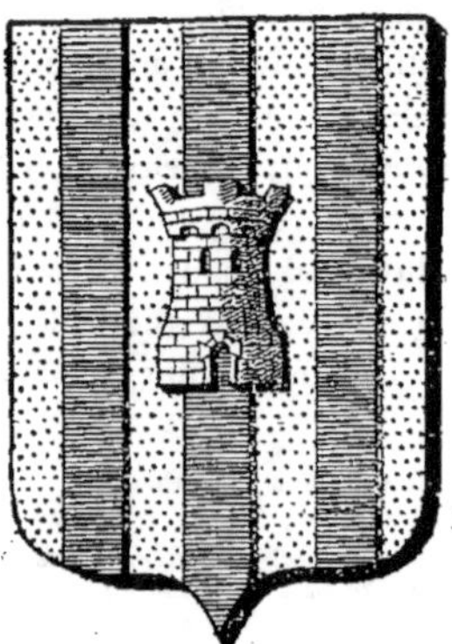

qui épousa a Cambrai en 1866 Laure DESFONTAINES DE LACROIX, fille de Victor Desfontaines de Lacroix et de dame Antoinette Cordier de Ribeauville, et petite-nièce de Michel Desfontaines Sgr du Fresnoy, conseiller honoraire au Parlement de Flandre le 10 décembre 1721, ayant été président au Conseil provincial du Hainaut.

La famille Desfontaines de La Croix, originaire de la Flandre française, porte : *D'or, à trois pals d'azur, à la tour d'argent brochant sur le pal du milieu.*

La famille Cordier de Ribeauville, de la même province, blasonne : *D'or, au chevron de gueules accompagné en chef de deux grappes de raisins d'azur, tigées et feuillées de sinople, et en pointe d'un croissant d'azur.*

De ce mariage sont nés :

X. — ANTOINETTE DE BADTS DE CUGNAC, morte jeune.

X. — HENRI DE BADTS DE CUGNAC.

X. — NATHALIE DE BADTS DE CUGNAC.

X. — VICTOR DE BADTS DE CUGNAC.

X. — ANTOINE DE BADTS DE CUGNAC.

IX. — PIERRE-ALBERT-MARIE DE BADTS DE CUGNAC, fils d'Afred-Urbain Marie de Badts et de Clémence-Marie de Cugnac du Tourondel, né à Lille le 2 décembre 1841, épousa à Amiens le 19 juin 1866, Mathilde-Alexandrine DE CALONNE D'AVESNE, fille du vicomte Xavier de Calonne d'Avesne et de dame Honorine de Forceville de Merlimont. Furent témoins du mariage : pour l'époux, le marquis de Cugnac du Bourdet et M. Albéric de Dompierre d'Hornoy ; pour l'épouse, le comte Raoul de Calonne d'Avesne et le vicomte Xavier de Forceville, ses oncles.

La famille de Calonne d'Avesne, branche détachée de la maison de Calonne de Courtebonne, est établie en Picardie où elle possédait dès 1532 la terre d'Avesne, en Vimeu. Elle s'est alliée aux familles de Riencourt, de Rancher, de Galard-Terraube, de Boigne, etc. Armes : *D'argent, au léopard de gueules posé en chef.*

De ce mariage sont nés :

X. — MARIE-ANTOINNETTE DE BADTS DE CUGNAC, née le 8 avril 1869.

X. — MADELEINE DE BADTS DE CUGNAC, née le 17 janvier 1871.

X. — MARGUERITE DE BADTS DE CUGNAC, née le 17 octobre 1873.

X. — ALFRED-HENRI DE BADTS DE CUGNAC, né le 1er mars 1874.

X. — PIERRE DE BADTS DE CUGNAC, né le 20 octobre 1875.

X. — GERMAINE DE BADTS DE CUGNAC, née le 17 mars 1877.

X. — FRANÇOIS-XAVIER DE BADTS DE CUGNAC, né le 6 juin 1878.

X. — JEAN DE BADTS DE CUGNAC, né le 13 avril 1882.

X. — MARIE-THÉRÈSE DE BADTS DE CUGNAC, née le 20 mai 1886, morte le 18 juin 1888.

X. — FRANÇOISE DE BADTS DE CUGNAC, née le 16 mai 1888.

Paris-Auteuil. — Imprimerie des Apprentis-Orphelins. — Rousel, 40, rue La Fontaine.